BEI GRIN MACHT SICH IHR WISSEN BEZAHLT

- Wir veröffentlichen Ihre Hausarbeit, Bachelor- und Masterarbeit

- Ihr eigenes eBook und Buch - weltweit in allen wichtigen Shops

- Verdienen Sie an jedem Verkauf

Jetzt bei www.GRIN.com hochladen und kostenlos publizieren

Bibliografische Information der Deutschen Nationalbibliothek:

Die Deutsche Bibliothek verzeichnet diese Publikation in der Deutschen Nationalbibliografie; detaillierte bibliografische Daten sind im Internet über http://dnb.d-nb.de/ abrufbar.

Dieses Werk sowie alle darin enthaltenen einzelnen Beiträge und Abbildungen sind urheberrechtlich geschützt. Jede Verwertung, die nicht ausdrücklich vom Urheberrechtsschutz zugelassen ist, bedarf der vorherigen Zustimmung des Verlages. Das gilt insbesondere für Vervielfältigungen, Bearbeitungen, Übersetzungen, Mikroverfilmungen, Auswertungen durch Datenbanken und für die Einspeicherung und Verarbeitung in elektronische Systeme. Alle Rechte, auch die des auszugsweisen Nachdrucks, der fotomechanischen Wiedergabe (einschließlich Mikrokopie) sowie der Auswertung durch Datenbanken oder ähnliche Einrichtungen, vorbehalten.

Impressum:

Copyright © 2018 GRIN Verlag
Druck und Bindung: Books on Demand GmbH, Norderstedt Germany
ISBN: 9783668866515

Dieses Buch bei GRIN:

https://www.grin.com/document/455644

Ole Vick

Erstellung einer Marktanalyse und einem Marketingkonzept für ein EMS-Studio

GRIN Verlag

GRIN - Your knowledge has value

Der GRIN Verlag publiziert seit 1998 wissenschaftliche Arbeiten von Studenten, Hochschullehrern und anderen Akademikern als eBook und gedrucktes Buch. Die Verlagswebsite www.grin.com ist die ideale Plattform zur Veröffentlichung von Hausarbeiten, Abschlussarbeiten, wissenschaftlichen Aufsätzen, Dissertationen und Fachbüchern.

Besuchen Sie uns im Internet:

http://www.grin.com/

http://www.facebook.com/grincom

http://www.twitter.com/grin_com

Deutsche Hochschule für
Prävention und Gesundheitsmanagement
Hermann Neuberger Sportschule 3
66123 Saarbrücken

Hausarbeit (kollektive Prüfungsleistung)

Name, Vorname	
Matrikelnummer	
Modul	Marketing I
Studiengang	Fitnessökonomie (BFÖ)
Datum Präsenzphase	
Studienort	Hamburg
Gruppe bzw. zu bearbeitende Stadt	Bremen
Unternehmenstyp*	EMS-Studio

* abhängig von Aufgabenstellung: jeweils den zu bearbeitenden „Unternehmenstyp" eintragen

Inhaltsverzeichnis

1 MARKTBESCHREIBUNG / -ANALYSE 3

1.1 Allgemeine Informationen über den Unternehmenstyp 3

1.2 Lage und Standort des Unternehmens 4

1.3 Bestimmung von zwei Marktgebieten 5

1.4 Makroumfeldanalyse und Abschätzung des Marktpotenzials 5

1.5 Wettbewerbsanalyse 7

2 MARKETINGPLANUNG 8

2.1 Budgetplanung 8

2.2 Kommunikationspolitik 8

2.3 Werbeplanung 9

2.4 Kostenkalkulation / Budgetvergleich bei der Werbeplanung 10

2.5 Synergieeffekte im Rahmen der Kommunikationspolitik 11

3 ABSCHLUSSSTATEMENT 11

4 LITERATURVERZEICHNIS 13

5 ABBILDUNGS- UND TABELLENVERZEICHNIS 15

5.1 Abbildungsverzeichnis 15

5.2 Tabellenverzeichnis 15

1 Marktbeschreibung / -analyse

1.1 Allgemeine Informationen über den Unternehmenstyp

Die Marktpositionierung ist relevant um die angebotenen Leistungen Zielgruppen gerichtet im Vergleich zu Wettbewerbern aufzuzeigen (Griese 2011, S. 130). Die nachfolgende Tabelle stellt die Hauptzielgruppe des Unternehmens mitsamt ihrer Merkmale dar.

Tabelle 1: Hauptzielgruppe und Merkmale (Eigene Darstellung)

Hauptzielgruppe	Merkmale
Personen mittleren Alters mit festen Job. Primär Bürotätigkeiten, Selbstständige oder Abteilungsleitung/Geschäftsführung.	- 30-50 Jahre. - Überdurchschnittliches Gehalt. - Wenig Zeit. - Interesse an intensiver Betreuung. und zielgerichtetem Training. - Keine Lust auf konventionelle Fitnessstudios.

Das Ziel der Positionierung ist eine klare Abgrenzung zu Wettbewebern zu schaffen, sodass die Zielgruppe eine gewünschte positive Einstellung dem Unternehmen gegenüber aufbaut (Weis, 2009, S. 150).

Das Unternehmen setzt auf ein stilvolles Design und exklusive Ausstattung. Das Studio schafft durch die verbauten Materialien im „Wohnzimmer-Look" eine angenehme Wohlfühlatmosphäre um einen Kontrast zum Alltag zu schaffen. Dazu kommen Einzelumkleiden mit Duschkabinen sowie moderne Trainingsgeräte. Das Training wird grundsätzlich von einem erfahrenen Personal-Coach begleitet und durch regelmäßige Sportmedizinische Checks ensteht eine zielgerichtete Trainingssteuerung was zu einer erhöhten Kundenbindung führen soll. Abgerundet wird das Angebot durch ein Ernährungscoaching und ein Angebot verschiedener Gesundheitsshakes welche für jeden Kunden individuell zubereitet werden. Die hochwertige Ausstattung und Betreuung soll speziell die Hauptzielgruppe ansprechen und einen Unique Communications Proposition (nachfolgend UCP) realisieren. Die Öffnungszeiten von 07:30-22:00 Uhr ermöglichen zudem auch ein gute integrierbarkeit in den Alltag.

Die nachfolgende Tabelle beschreibt die Produkt-, Preis- sowie Distributionspolitik des Unternehmens, welche sich aus der Positionierung ableitet.

Tabelle 2: Produkt-, Preis- und Distributionspolitik vom EMS-Studio (Eigene Darstellung)

	Merkmale
Produktpolitik	- EMS-Training. (mit funktionellen Elementen wie z.B. TRX, Kettleballs un Bodytubes.
	- EMS Cardio-Training (mit Crosstrainer und Ruderergometer).
	- Gesundheits Check-Up's und Körperanalysen.
	- Edle "Wohnzimmer"-Einrichtung.
	- Kostenlose Parkplätze.
	- Kostenlose Duschen.
	- Shake-Bar/Tresen.
Preispolitik	- Monatsbeitrag von 99€/Monat (netto).
	- Aufnahmegebühr von 49,90€ (brutto)
	- Probetraining 19,90€ (brutto)
	- Zusatzangebote:
	- Gesundheitsshakes
	• Einmalig: 4,50€
	• Flatrate pro Monat: 15,00€
	- Gesundheits-Check-Up/Körperanalysen: 19,90€
Distributionspolitik	- Direkter Absatz:
	- Probetraining.
	- Tresenverkauf
	- Seminare über EMS-Training in umliegenden Unternehmen.

1.2 Lage und Standort des Unternehmens

Im folgenden wird der gewählte Standort für das Unternehmen betrachtet und nachfolgend begründet.

Tabelle 3: Standortwahl und Begründung (Eigene Darstellung)

Standort	
Beschreibung des Standortes	Kirchbachstraße 191, 28211 Bremen
	- Befindet sich im Stadtteil Schwachhausen
	- Befindet sich an einer Straße mit vielen kleineren Geschäften in direkter Nachbarschaft
	- Befindet sich im Erdgeschoss
Begründung des Standortes	- Ca. 39.000 Einwohner (Stand 12/2016)
	- Gute Erreichbarkeit, da Parkplätze direkt vor der Tür und ÖPNV naheliegend.
	- Wohngegend für gutsituierte Bürger. (
	- Kaum geografische Grenzen.
	- Diverse Geschäfte in direkter Nachbarschaft.
	- Mehrere Banken und Luxusläden in der näheren Umgebung (potenzielle Hauptzielgruppe).

1.3 Bestimmung von zwei Marktgebieten

Ein räumlicher begrenzter Bereich um das Unternehmen herum, aus dem potenzielle Mitglieder generiert werden können, wird als Marktgebiet bezeichnet. Die folgende Abbildung stellt das Marktgebiet für das EMS-Studio dar sowie die Standorte der beiden größten Wettbewerbern.

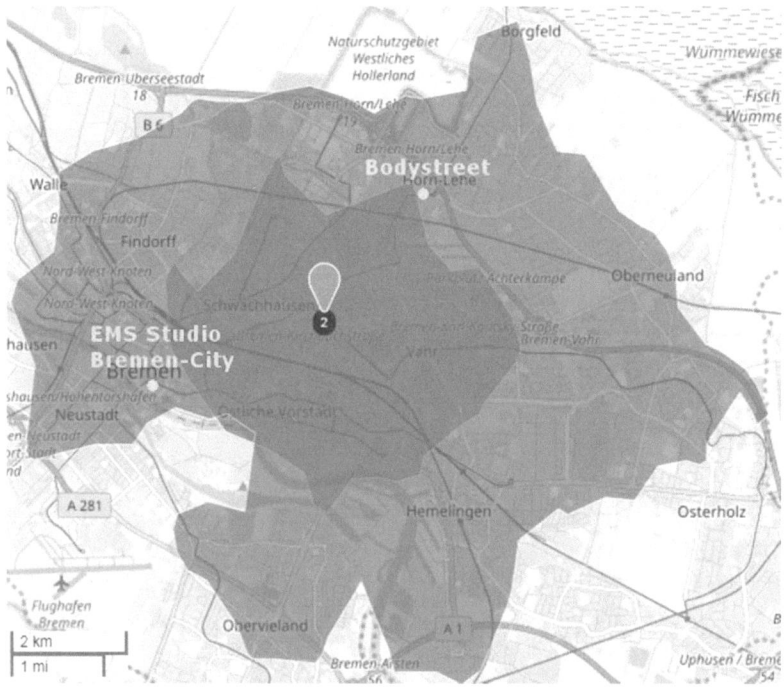

Abbildung 1: Marktgebiete inklusive Wettbewerber (Openrouteservice, 2018)

Der Maßstab in der Abbildung beträgt: 1km = 1,5cm. Das Marktgebiet 1 (dunkelrot) beschreibt die Reichweite für 0-6 Minuten. Das Marktgebiet 2 (hellrot) beschreibt die Reichweite für 6-12 Minuten. Es wurde eine Höchstgeschwindigkeit von 50 km/h veranschlagt.

1.4 Makroumfeldanalyse und Abschätzung des Marktpotenzials

Um die wirtschaftlichen Voraussetzungen zu beurteilen werden in folgender Tabelle die Kaufkraft, Arbeitslosenquote und die Altersverteilung der Stadt Bremen aufgelistet.

Tabelle 4: Kaufkraft, Arbeitslosenquote und Altersverteilung Bremen (Eigene Darstellung)

Kaufkraft (vgl. Gfk GeoMarketing GmbH, 2017)	20.969€/Einwohner
	Index: 91,2/Einwohner, 100=Landesdurchschnitt
Arbeitslosenquote (vgl. Bundesagentur für Arbeit, 2018)	9,0%
Altersverteilung (vgl. Statistisches Landesamt Bremen, 2017)	Unter 18: 89.520 Einwohner
	18-25: 49.639 Einwohner
	25-30: 43.370 Einwohner
	30-40: 76.897 Einwohner
	40-50: 72.325 Einwohner
	50-60: 83.930 Einwohner
	60-65: 33195 Einwohner
	65 und mehr: 119130 Einwohner
	Gesamt: 568006 Einwohner

Die nachfolgende Tabelle zeigt wieviele Einwohner im ermittelten Marktgebiet leben, aufgeteilt nach Stadtteilen.

Tabelle 5: Anzahl von Einwohnern im Marktgebiet (Eigene Darstellung)

	Stadtteil	%-im Marktgebiet	Einwohner
Marktgebiet 1	Schwachhausen	90	34.778
	Vahr	80	21.543
	Horn-Lehe	10	2.615
	Findorff	10	2.558
	Östliche Vorstadt	100	29.750
	Mitte	10	1.825
	Hemelingen	10	4.377
Gesamt			97.446
Marktgebiet 2	Schwachhausen	10	3.877
	Vahr	20	5.386
	Horn-Lehe	70	18.299
	Findorff	90	23.017
	Mitte	90	16.422
	Neustadt	25	11.377
	Hemelingen	40	43.705
	Osterholz	50	18.738
	Oberneuland	60	7.926
	Walle	30	8.987
	Obervieland	80	28.581
	Borgfeld	10	929
Gesamt			187.245
Marktgebiet 1 + 2			284.691

Mit den ermittelten Daten wird nun das Marktpotenzial errechnet. Hierfür wird mit einem Marktpotenzial von 12% kalkuliert. Das Marktgebiet 2 soll mit 70% gewichtet werden.

Markgebiet 1: 97.446 Einwohner

Marktgebiet 2: 187.245*0,7 = 131,072 Einwohner

Marktgebiet Gesamt: 228.518*0,12 = 227.423 Einwohner

Das Marktpotenzial liegt bei 27.423 Einwohner.

1.5 Wettbewerbsanalyse

In der folgenden Tabelle werden die zwei stärksten Wettbewerber kurz vorgestellt sowie zentrale stärken und schwächen im Vergleich zum dargestellten Unternehmen aufgezeigt.

Tabelle 6: Wettbewerberanalyse (Eigene Darstellung)

Unternehmensname	Bodystreet GmbH	EMS Borgfeld GmbH
Beschreibung des Unternehmens	Bodystreet ist ein 2007 gegründetes Franchisekonzept, dass zu den ältesten Anbietern von EMS in Deutschland zählt. Es gibt ca. 240 Studios in Deutschland, damit ist Bodystreet Marktführer. Die Trainer werden an einer eigenen internen Akademie Aus- und Fortgebildet. Das Franchisekonzept sieht vor, dass jedes Training (maximal drei Leute zeitgleich) von Trainern begleitet wird, die Übungen jedoch vorgegeben sind. Die Preise richten sich nach der Art des Abo's, starten aber bei 19,90€ pro Trainingseinheit. Das Probetaining kostet ebenfalls 19,90€. Trainieren kann man hier an sechs Tagen in der Woche, öffnen tut das Studio ab 10 Uhr und schließt spätestens um 19 Uhr. Es gibt insgesamt drei Mikrostudios in Bremen, die alle unabhängig voneinander sind. Verkauft werden weiterhin Nahrungsergänzungsmittel. Es werden regelmäige Körpervermessungen angeboten sowie Ernährungscoachings angeboten.	Das Unternehmen hat zwei Standorte im Raum Bremen, man trainiert jedoch immer im selben. Die Studios haben 2014 & 2017 eröffnet und bieten EMS sowie EMS-Cardio Training an. Das Studio bietet verschiedene Mitgliedsoptionen sowie 4-er und 10-er Karten an. Das Probetraining ist in diesen Studios kostenlos möglich. Auch hier wird jedes Training (maximal zweier Gruppen) durch Trainer begleitet, dass Training wird durch funktionelle Elemente erweitert (TRX, Kettlebells). Das Cardio-Training wird mit dem Crosstrainer oder Fahrradergometer durchgeführt. Zusätzlich zum Training werden Eiweißshakes verkauft. Für wartende steht ein Massagesessel bereit. Trainieren kann man hier Montag-Freitag zwischen 08:30 und 20:00 Uhr.
Unternehmensstärken	- Vielzahl an Studios quer durch Deutschland (drei in Bremen). - Interne Akademie zur Trainerfortbildung.	- Über mehrere Jahre am Markt etabliert. - Online-Terminvereinbarung möglich.
Unternehmensschwächen	- Kurze Öffnungszeiten. - Training nicht individuell durch vorgegebene Übungen.	- Kein Ernährungscoaching. - Wenig Preistransparenz, Tarife werden erst beim Probetraining erläutert.

2 Marketingplanung

2.1 Budgetplanung

Anhand der Marketingkosten pro Neukunden-Methode wird das Jahresmarketingbudget für das erste Geschäftsjahr berechnet.

100€ (pro Neukunden) * 90 (Zielmitglieder) = 9000€

Das Jahresmarketingbudget für das EMS-Studio beträgt 9000€.

2.2 Kommunikationspolitik

Als Intrumente der Kommunikationspolitik wurden die Werbung, Das Eventmarketing und das Direktmarketing gewählt. Da die Resonanz auf klassische Werbeform durch Reizüberflutung nur bedingt effektiv ist, wurden Kommunikationsformen gewählt, die den Kunden direkter ansprechen und diesen auch miteinbeziehen. Durch das Eventmarketing schafft man eine Erlebniswelt in welcher die Produkte und Leistungen eingebettet werden. (Erber, 2000, S.68). Das Direktmarketing erzielt eine höhere Aufmerksamkeit des Kunden und hält die Kosten durch die gezielte Ansprache der Hauptzielgruppe und damit einhergehend weniger Streuverlusten niedrig.(Weis, 2010, S. 217). Die folgende Tabelle stellt die Kommunikationspolitik und den Inhalt der Kampagne übersichtlich dar.

Tabelle 7: Kommunikationspolitik und Inhalt der Kampagne (Eigene Darstellung)

Primäres Ziel	Primäres Ziel der Kampagne ist es bis zur Studioeröffnung 25 Mitglieder zu gewinnen.
Spezielle Ziele der Kampagne	1. Werbung: Bekanntheit erhöhen, Leistungen aufzeigen 2. Eventmarketing: Image aufbauen, Bekanntheit erhöhen und Kontakte aufbauen 3. Direktmarketing: gezielte Werbeansprache zur Kundengewinnung
Inhalt der Kampagne	Die Kampagne beinhaltet einen „Tag der offenen Tür" am 05.01.2019, der im Vorwege auf verschiedene Wege beworben wird. So soll ein Werbefilm zur Präsentation in Unternehmen der potenziellen Zielgruppe (Banken, Luxusläden) sowie dem eigenen Internetauftritt gezeigt werden. Desweiteren werden Flyer die durch Promotter verteilt werden und die Anzeigenschaltung in einem lokalem Magazin gewählt. Beim Tag der offenen Tür können Interessenten einen ersten Eindruck vom Studio und dem Training bekommen. So ist es möglich das Training kurz auszuprobieren und auch die vielfältigen Shakes zu testen. Interessenten haben jederzeit die Möglichkeit eine Mitgliedschaft abzuschließen oder Termine für ein Probetraining zu vereinbaren. Alle Maßnahmen der Kampagne zielen darauf ab, die Hauptzielgruppe zu mobilisieren sich einen Eindruck vom Studio zu machen um die Erlebnisorientierung zu steigern. Die Bekanntheit steigert sich ebenfalls wenn die Zielgruppe im Anschluss an das Event ihren Mitarbeitern und Bekannten davon erzählen und bestenfalls Empfehlungen aussprechen.

Die nachstehende Tabelle zeigt die Zeitliche Organisation der Kampagne.

Tabelle 8: Zeitlicher Ablaufplan der Kampagne (Eigene Darstellung)

Datum	Planung	Wer	Bis wann
05.10.18	Angebote einholen für: Flyer, Anzeige in regionaler Zeitung, Werbefilm.	Marketingabteilung	12.10.18
12.10.18	Buchung Filmteam für Imagefilm (deluxe-image sowie Bestellung der Flyer (Flyeralarm).	Marketingabteilung	19.10.18
12.10.18	Erlaubnis zur Promotion beim Amt und den jeweiligen Unternehmen einholen.	Personalabteilung	19.10.18
17.10.18	Schaltung Anzeige (Schwachhauser Magazin)	Marketingabteilung	22.10.18
12.10.18	Erstellung und Bekanntmachung eines Jobangebots (Promotions-Team).	Personalabteilung	26.10.18
26.10.18	Bewerbungsbearbeitung für Job (Promotion).	Personalabteilung	02.11.18
05.11.18	Drehtag Werbefilm sowie Veröffentlichung	Marketingabteilung, deluxe-image	10.11.18
26.11.18	Promotion in umliegenden Unternehmen und im Stadtteil.	Promoter	03.12.18
26.12.18	Vorbereitung für den Tag der offenen Tür (Dekoration, Zeitplan, Getränke, Shakes).	Gesamtes Team	05.12.18
05.12.18	Tag der offenen Tür	Promotions-Team	05.12.18

Die Erfolge der Kampagne können durch unterschiedliche Kennzahlen kontrolliert werden. Für die Werbung:
- Tausend-Auflage-Preis
- Tausend-Kontakt-Preis
- Tausend-Zielpersonen-Preis
- Brutto- und Nettoreichweiten

Für das Direktmarketing:
- Anzahl gesammelter Kontakte
- Direkte Reaktionen (Vereinbarte Probetrainings, Abschlüsse)

Für das Eventmarketing:
- Ermittlung erreichter Kontakte und Abschlüsse
- Befragung von Eventteilnehmern

2.3 Werbeplanung

In der folgenden Tabelle werden die ausgewählten Werbemittel und Werbeträger dargestellt, sowie ihre Auswahl begründet.

Tabelle 9: Werbemittel und Werbeträgerauswahl (Eigene Darstellung)

Werbemittel	Flyer	Anzeige	Werbefilm
Werbeträger	Promoter	Schwachhauser Magazin	Website
Begründung	- Nicht Standortgebunden. - Gute Planbarkeit. - Günstig. - Persönliche Ansprache und Selektion durch Promoter. - Verweildauer: Gesamte Kampagne	- Große Reichweite. - Regional – wenig Streuverlust. - Zielgruppenorientiertes Medium. - Individualisierbar - Verweildauer: zwei Monate	- Überliefert Emotionen - Informativ – bei unbekannten Themen erklärt es Abläufe - Verweildauer: unbegrenzt
Budget	20% des Marketingbudgets (9.000€) = 9.000€*0,2 = 1.800€		

2.4 Kostenkalkulation / Budgetvergleich bei der Werbeplanung

Für die Durchführung der oben angesprochenen Kampagne stehen 20% des Jahresmarketingbudgets zur Verfügung, dies entspricht 1.800€. In der folgenden Tabelle werden die Kosten zur Durchführung aufgezeigt.

Tabelle 10: Kostenkalkulation (Eigene Darstellung)

Werbemaßnahme	Inhalt	Kosten	Gesamtkosten der Maßnahme
Promotion	Flyer: 2500 Stück (flyeralarm) 13 cm x 15 cm	42,36€	
	Promoter: 4 Promoter á 10 Stunden (Verdienst 10€/Std)	400€	442,36€
Werbeanzeige	Anzeigengestaltung: (Tom-E-Design)	154,70€	
	Anzeige: 1/8 Seite (60 mm x 90 mm) (Schwachhauser Magazin)	166,60€	297,90€
Werbefilm	Werbefilm á 1 Minute Länge (inkl. Catering, Anfahrt, Kameras, Schnitt)	1.188,81€	1.188,81€
Gesamtkosten			1.952,47€

Das zur Verfügung stehende Budget wurde leicht überschritten. Dies ist Maßgeblich darauf zurückzuführen, dass alle Maßnahmen höchstmögliche Qualität beinhalten sollen. Um Kosten zu sparen, um die Kampagne zu optimieren, ist es möglich sowohl den Werbefilm, als auch die Magazinanzeige in Eigenverantwortung zu erstellen. Weiterhin könnten durch frühzeitiges Einstellen von Mitarbeitern (Trainer, Servicepersonal) die Kosten für die Promoter entfallen und Kunden direkt von Trainern betreut werden.

2.5 Synergieeffekte im Rahmen der Kommunikationspolitik

Die gesamte Unternehmensgruppe kann im Rahmen der Kommunikationspolitik Synergieeffekte erzielen. Gemeinsame Werbeaktionen, wie beispielsweise eine Radiokampagne bei Energy Bremen, in der abwechselnd Spots (á 20 Sekunden) vom jeweiligen Studiotypen gespielt werden bieten die Möglichkeit jede Zielgruppe zu erreichen und Mehrfachkontakte mit der Unternehmensgruppe zu generieren. Weiterhin können Interessenten, welche sich nicht für den jeweiligen Studiotypen entschieden haben, durch Flyer oder Gutscheine auf die anderen Studios aufmerksam gemacht werden. Möglich wäre ebenfalls das Training für alle Mitglieder in allen Studiokonzepten anzubieten, wobei je nach Mitgliedsbeitrag und Studiotyp Zusatzkosten für die Mitglieder entstehen können.

3 Abschlussstatement

Gründsätzlich ist Bremen nicht für jeden Studiotypen als attraktiv zu bewerten, da die Arbeitslosenquote die höchste in Deutschland ist (Bundesagentur für Arbeit, 2018), und auch die Kaufkraft unterdurchschnittlich im Vergleich zum Rest Deutschlands ist. So ist das Risiko für hochpreisige Studios (Premium-Segment, EMS-Studio) gründsätzlich vergleichsweise hoch einzuschätzen. Entgegen der Grundsätzlichen Annahme sind die gewählten Standorte der Unternehmensgruppe als attraktiv zu bewerten. Hierfür spricht die gut gewählte Lage der Studios in besser gestellten Stadtteilen (EMS in Schwachhausen) oder die geringe Konkurrenz (Premium-Studio in Burglesum). Das Vereinseigene Fitnessstudio überzeugt trotz Konkurrenz in attraktiver Stadtnähe und spezialisiertem Angebot. Die geringsten Chancen sind dem Gesundheitsstudio zuzuordnen. Die Konkurrenz in dem Segment ist groß (Kieser-Training, Club Sportiv, jurij Cirigoti Personaltrainer), im Süden ist mit der Weser eine große Geografische Grenze und es gibt kein Alleinstellungsmerkmal. Die besten Erfolgsaussichten sind beim EMS-Training gegeben. Das Marktpotenzial riesig, der Stadtteil sowohl in Altersstruktur als auch Kaufkraft absolut geeignet, die Konkurrenz ist gering und das UCP mit der exklusiven Ausstattung und Rund-um Betreuung spricht für dieses Studio. Grundsätzlich sind aber alle Studio-Standorte so gewählt, dass ein hohes Marktpotenzial gegeben ist und die Neukundengewinnung ermöglicht wird.

Anmerkung: Aufgrund des Ausscheidens eines Gruppenmitgliedes aus dem Studium während der Bearbeitungszeit, wurde im Abschlussstatement nur auf vier Studiokonzepte eingegangen. Das Discount-Studio wurde nicht berücksichtigt.

4 Literaturverzeichnis

Bundesagentur für Arbeit (2018). *Arbeitslose nach Rechtskreisen, Oktober 2018.* Nürnberg: Statistik der Bundesagentur für Arbeit

Bundesagentur für Arbeit (2018). *Berichtsmonat Oktober 2018.* Zugriff am 02.11.2018. Verfügbar unter https://statistik.arbeitsagentur.de/Navigation/Statistik/Statistik-nach-Regionen/Politische-Gebietsstruktur/Bremen-Nav.html

Deluxe-image.de (2018). *Preisliste.* Zugriff am 03.11.2018. Verfügbar unter http://www.deluxe-image.de/images/Preisliste.pdf

Erber, S. (2000). *Eventmarketing – Erlebnisstrategien für Marken.* Landsberg am Lech: mi-Fachverlag.

Flyeralarm GmbH (2018). *Flyer.* Zugriff am 03.11.02018. Verfügbar unter https://www.flyeralarm.com/de/content/index/open/id/2734/flyer.html

Gfk GeoMarketing GmbH (2017). *Kaufkraft derDeutschen steigt 2018 um 2,8%.* Zugriff am 14.11.2018. Verfügbar unter https://www.gfk.com/de/insights/press-release/kaufkraft-der-deutschen-steigt-2018/

Griese, Kai-Michael; Böring, Stefanie (2011). *Marketing-Grundlagen. Eine fallstudienbasierte Einführung.* 1. Aufl. Wiesbaden: Gabler.

Schwachhauser Magazin (2018). *Mediadaten 2018.* Zugriff am 02.11.2018. Verfügbar unter http://www.schwachhausermagazin.de/-/SCHWACHHAUSEN-MAGAZIN_Media2018.pdf

Statistisches Landesamt Bremen (2017). *Bevölkerung nach Geschlecht, Familienstand und Altersgruppen.* Zugriff am 02.11.2018. Verfügbar unter http://www.statistik-bremen.de/bremendat/statwizard_step1.cfm

Tom-E-Design Agentur für Werbung und Übersetzung (2018). *Anzeigenwerbung: Geballte Informationen auf wenigen Zentimetern.* Zugriff am 03.11.2018. Verfügbar unter https://www.tom-e-design.de/anzeigenwerbung.php

Weis, C. (2009). *Marketing.* 15. verbesserte und aktualisierte Aufl. Ludwigshafen: Kiehl.

Weis, C. (2010). Marketing. In K.Olfert (Hrsg.) *Kompakt-Training Praktische Betriebswirtschaft.* (6. Aufl.). Ludwigshafen: Kiehl.

5 Abbildungs- und Tabellenverzeichnis

5.1 Abbildungsverzeichnis

Abbildung 1: Marktgebiete inklusive Wettbewerber (Openrouteservice, 2018) 5

5.2 Tabellenverzeichnis

Tabelle 1: Hauptzielgruppe und Merkmale (Eigene Darstellung) 3
Tabelle 2: Produkt-, Preis- und Distributionspolitik vom EMS-Studio (Eigene Darstellung) 4
Tabelle 3: Standortwahl und Begründung (Eigene Darstellung) 4
Tabelle 4: Kaufkraft, Arbeitslosenquote und Altersverteilung Bremen (Eigene Darstellung) 6
Tabelle 5: Anzahl von Einwohnern im Marktgebiet (Eigene Darstellung) 6
Tabelle 6: Wettbewerberanalyse (Eigene Darstellung) 7
Tabelle 7: Kommunikationspolitik und Inhalt der Kampagne (Eigene Darstellung) 8
Tabelle 8: Zeitlicher Ablaufplan der Kampagne (Eigene Darstellung) 9
Tabelle 9: Werbemittel und Werbeträgerauswahl (Eigene Darstellung) 10
Tabelle 10: Kostenkalkulation (Eigene Darstellung) 10

BEI GRIN MACHT SICH IHR WISSEN BEZAHLT

- Wir veröffentlichen Ihre Hausarbeit, Bachelor- und Masterarbeit

- Ihr eigenes eBook und Buch - weltweit in allen wichtigen Shops

- Verdienen Sie an jedem Verkauf

Jetzt bei www.GRIN.com hochladen und kostenlos publizieren